Franziska Riedel

Klausurvorbereitung. Einführung in die deutsche Sprachwissenschaft

GRIN Verlag

Bibliografische Information der Deutschen Nationalbibliothek:

Die Deutsche Bibliothek verzeichnet diese Publikation in der Deutschen National-
bibliografie; detaillierte bibliografische Daten sind im Internet über http://dnb.d-
nb.de/ abrufbar.

Impressum:

Copyright © 2012 GRIN Verlag GmbH
Druck und Bindung: Books on Demand GmbH, Norderstedt Germany
ISBN: 978-3-656-71197-1

Dieses Buch bei GRIN:

http://www.grin.com/de/e-book/277791/klausurvorbereitung-einfuehrung-in-die-
deutsche-sprachwissenschaft

GRIN - Your knowledge has value

Der GRIN Verlag publiziert seit 1998 wissenschaftliche Arbeiten von Studenten, Hochschullehrern und anderen Akademikern als eBook und gedrucktes Buch. Die Verlagswebsite www.grin.com ist die ideale Plattform zur Veröffentlichung von Hausarbeiten, Abschlussarbeiten, wissenschaftlichen Aufsätzen, Dissertationen und Fachbüchern.

Besuchen Sie uns im Internet:

http://www.grin.com/

http://www.facebook.com/grincom

http://www.twitter.com/grin_com

Einführung in die germanistische Sprachwissenschaft

Sprache als Gegenstand wissenschaftlicher Betrachtung

Objektsprache vs. Metasprache:
- Alltagssprache: Du musst dein Essen kauen. → „kauen" wird verwendet und nicht beschrieben
- Objektsprache = Sprache als wissenschaftlicher Untersuchungsgegenstand
→ **„Kauen"** ist ein Verb. – „kauen" wird nicht verwendet, sondern als Objekt wissenschaftlich beschrieben
- Metasprache = Sprache, mit der man über den Untersuchungsgegenstand „Sprache" spricht
→ „Kauen" **ist ein Verb.** – Sprache wird zur Beschreibung eines Objekts benutzt
- Metasprache ist auch im Alltag zu finden, z. B. Wie meinst du das? Dieses Wort will ich nie wieder hören.

Was ist Sprache?
- keine eindeutige Definition
- häufige Definition: eine ausschließlich dem Menschen eigene Fähigkeit
- Symbolsystem zur Kommunikation (also auch Bildersprache, Tiersprache usw.) (Sapir)
- die Gesamtheit der möglichen Äußerungen in einer Sprachgemeinschaft (Bloomfield)
- eine Menge von Sätzen (Chomsky)
- eine Tätigkeit (Halliday)

Perspektiven und Disziplinen der Sprachwissenschaft:
- Semiotik: allgemeine Zeichenlehre, Wissenschaft zur Erforschung verschiedener Zeichensysteme
- Grammatik: untersucht die Beziehungen von sprachlichen Zeichen
    → Phonetik: physikalische und physiologische Eigenschaften von Lauten/Lautgebilden
    → Phonologie: semiotischer Aspekt der Laute, d. h. ihre Funktion im Sprachsystem
    → Morphologie: Formenbildung, Wortarten, Erfassung und Systematisierung von Wortformen
    → Lexikologie: Lehre vom Wortschatz einer Sprache (z. B. Wortherkunft)
    → Syntax: Aufbau von Wortgruppen und Sätzen
- Betrachtungsweisen von Sprache: Grammatik (Sprache als System), Pragmatik (Sprachgebrauch), Semantik (Bedeutung sprachlicher Zeichen)

Was ist ein System?
- System = Menge von Elementen, die in geordneter Beziehung zueinander stehen
- Zeichensystem: Grundinventar minimaler Zeichen, Regeln der Kombination dieser Zeichen

Ebenenmodell des Sprachsystems:
- Morphem – Wort – Satz – Text
→ kleine Elemente bilden zusammen größere

Sprachbegriffe nach Ferdinand de Saussure:
- *langage*: Fähigkeit des Menschen, zu sprechen, Oberbegriff für *langue* und *parole*

- *langue*: sprachliches System als für alle Sprachteilhaber verbindliches System von Konventionen
- *parole*: Realisierung menschlicher Sprache/der *langue*

Naturalismus vs. Konventionalismus (Platons Kratylos-Dialog)
- Kratylos: jedes Ding hat von Natur aus eine richtige Benennung, die der Natur nachempfunden ist,
         Buchstabenbedeutungen geben Beschaffenheit wieder
- Hermogenes: Namen entstehen durch Übereinkunft, Gebrauch und Gewohnheit einer Sprachgemeinschaft,
         daher ist jeder beliebige Name der richtige, kann auch durch neuen ersetzt werden
→ es gibt zwar Onomatopoetika (z. B. platschen, summen, krachen, Tiergeräusche), aber insgesamt entstehen Bezeichnungen durch Übereinkunft einer Sprachgemeinschaft, Beweis: verschiedene Sprachen

Kommunikation

Nachrichtentechnisches Modell (Shannon/Weaver):
- Kommunikation = jede Form von wechselseitiger Übermittlung von Informationen durch Zeichen,
         zwischenmenschliches   Verständnis   durch   sprachliche   und nichtsprachliche Mittel

Informations-quelle	→	Transmitter	→	Signal	→	Empfänger	→	Ziel
Gehirn der Laute		Gedankenum- wandlung in Laute		Laute		Ohr		Verarbeitung durch das
Gehirn								

Geräuschquelle
Distanz, Aussprache, Wind, Regen

Probleme und Lücken des Modells:

<u>innere Faktoren:</u>
- keine Worteindeutigkeit (z. B. Flügel) → Kontext wichtig
- Menschen haben verschiedenen Wortschatz, verstehen eventuell nicht jede Kernbedeutung (Denotation)
- je nach Mensch unterschiedliche Assoziation mit Wörtern (Konnotation)
- Betonung kann Bedeutung verändern
- Dinge können je nach Interesse überhört werden
- Mimik, Gestik, Berührung (z. B. Gewalt), Geruch, Geschmack (z. B. beim Küssen)
→ Einfluss durch optischen, akustischen, taktilen, olphaktorischen, gustatorischen Kanal
- nachrichtentechnisches Modell ist eindimensional, aber menschliche Kommunikation basiert auf Interaktion und Hin und Her, ständiger Rollentausch zwischen Sender und Empfänger

äußere Faktoren:
- verschiedene soziale Rollen je nach Umfeld
- Lärm in der Umgebung
- eventueller Dialekt

Man kann nicht nicht kommunizieren (Watzlawick):
- reflexive Theorie: man kommuniziert schon, indem man sein Gegenüber wahrnimmt, auf dessen Erwartungen durch bestimmtes Verhalten reagiert (z. B. erfüllt man die Erwartung der Begrüßung, wenn man von jemand anderem gesehen wurde, der erkannt hat, dass man ihn auch gesehen hat)

Semiotik

Was sind Zeichen?
- Stellvertreterfunktion, etwas, das für etwas anderes steht, auf etwas verweist
- *Aliquid stat pro aliquo* → etwas Bezeichnendes steht für etwas Bezeichnetes
- alles, was Gegenstand unserer Wahrnehmung ist, kann bezeichnet werden (auch Fantasievorstellungen)
- alles, was sich unserer sinnlichen Wahrnehmung erschließt, kann als Zeichen fungieren
- Zeichen erhalten Bedeutung durch Interpretation und Assoziation

Semiotisches Dreieck nach Odgen und Richards:

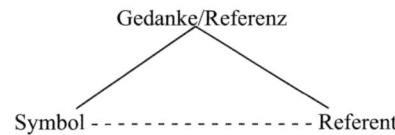

- Gedanke/Referenz = Vorstellung
- Referent = Bezugsgegenstand
- Beziehung zwischen Signifikant und Referent wird nur psychologisch hergestellt, denn jede beliebige Lautfolge könnte auf einen Referenten verweisen, Erfahrung der Sprachgemeinschaft sorgt für Beziehung zwischen Signifikant und Referent

Dimensionen der Semiose (Morris):

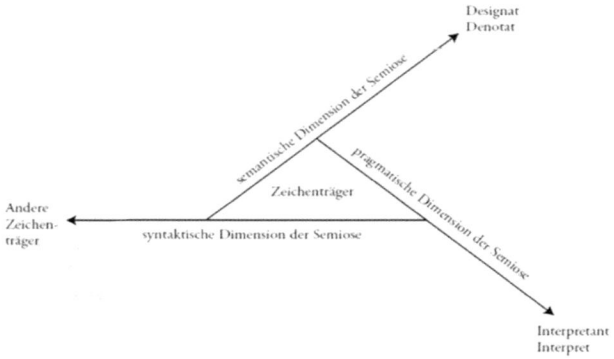

- Zeichenträger = physikalisch Wahrnehmbares
- Semiose = psychologischer Prozess der Zuordnung des Zeichenträgers zum Referenzobjekt
- Zeichenträger ist durch die 3 Dimensionen mit anderen Zeichenträgern, einem Referenzobjekt (Designat) oder dem Interpreten des Zeichenträgers verknüpft
- syntaktische Dimension: Beziehung des Zeichenträgers zu anderen
- semantische Dimension: Beziehung zwischen dem Zeichenträger und dem Objekt, das er bezeichnet
→ Designat = Vorstellung, z. B. Einhorn, Denotat = Dinge, die es tatsächlich gibt
- pragmatische Dimension: Beziehung des Zeichenträgers zum Interpreten, Reagierender = Interpretant

Klassen von Zeichen (Peirce):

Index
- Ursache-Folge-Verhältnis von Bezeichnendem und Bezeichnetem
- räumlicher und zeitlicher Zusammenhang
- zur Interpretation von Indexen ist Erfahrung und Wissen nötig
- Schlussverfahren ist nicht immer zuverlässig
- Indexe werden oft nicht intentional gegeben (z. B. Dialekte, blass/rot werden)
- Bsp.: Akzent lässt auf Herkunftsland schließen

Ikon
- Beziehung zum Bezeichneten beruht auf Ähnlichkeit
- Ähnlichkeit muss nicht visuell sein, auch nachgemachte Geräusche sind Ikone
- Bsp.: Landkarte hat Ähnlichkeitsbeziehung mit Stadt

Symbol
- kein Ursache-Folge-Verhältnis
- kein Ähnlichkeitsverhältnis
- Willkürlichkeit, daher Kenntnis der Konventionen für Verständnis nötig
- Bsp.: Farben bei Verkehrsschildern oder Ampeln
→ sprachliche Zeichen gehören zur Klasse der Symbole, da es keinen Grund gibt, warum bestimmte Bezeichnungen auf bestimmte Dinge verweisen (Warum steht die Lautfolge /baum/ für Baum?)

- Zuordnung zu Zeichenklassen nicht immer eindeutig, z. B. 木 → Ikon oder Symbol?
- Interpretationsprobleme: „Kannst ja mal anrufen." (soll ich wirklich, will man mich loshaben, reine Verabschiedungsfloskel?)

Zeichen in der Kommunikation:
- verbal: Sprache, Geräusche
- nonverbal: Körpersprache, Kleidung (Bilder auf der Kleidung, Faschingskostüme = Ikone)
- paraverbal: Betonung, Dialekt, Stimmung, Handschrift (meist indexikalisch)

Das sprachliche Zeichen nach Ferdinand de Saussure:
- 1916 *Cours de linguistique générale* (1931 dt. *Grundfragen der allgemeinen Sprachwissenschaft*)

Struktur
- bilateral: Zeichen = Einheit von Bezeichnendem (Lautfolge) und Bezeichnetem (Vorstellung)
→ nur Lautfolge oder nur Vorstellung ist kein Zeichen

Eigenschaften
- Arbitrarität: Zusammenhang von Lautfolge und Vorstellung ist willkürlich, man kann nicht vom einen auf
         das andere schließen
- Linearität: zeitliche Abfolge, in der Zeichen zu größeren Einheiten zusammengefügt werden, Laute
         werden nacheinander produziert
- Konventionalität: Zuordnung der Lautfolge zur Vorstellung geschieht durch Einigung einer Sprach-
         gemeinschaft, Machtverhältnisse sind manchmal wichtig (z. B. Sprache 3. Reich, DDR)
- Assoziativität: reziptiv (man kann sich gegen das Verstehen bekannter Wörter nicht wehren →
         automatische Assoziation), produktiv (Assoziation ist da, aber kann nicht versprachlicht
         werden, z. B. Bild eines Menschen im Kopf, aber Name fällt einem nicht ein)
         → Assoziation wird einem nur bewusst, wenn sie nicht funktioniert, zu schwache
         assoziative Verbindung führt zum Vergessen
- Materialität: Zeichen ist durch Schall, Licht, Farbe usw. physikalisch wahrnehmbar

Das sprachliche Zeichen im System:

Virtualität (*type*) – Aktualität (*token*)
- *type* = *langue*, *token* = *parole*
- Bsp.: Ein Pferd ist ein Pferd.
→ ein – Pferd – ist – . = 4 *types*, also verschiedene Wörter → virtuelle Zeichen
→ 6 *token*, also tatsächlich verwendete Wörter → aktuelle Zeichen
- Virtualität: man spricht über ein Wort ohne eine Bezugsvorstellung
- Aktualität: Wörter im Kontext und mit Bezug auf Vorstellungen

Valeur
- jedes sprachliche Element hat seine eigene Funktion/seinen eigenen Wert im System Sprache
- z. B. -t hat im Deutschen die Funktion/den Wert 3. Person Singular anzuzeigen

Dichotomien (Begriffspaare) nach Ferdinand de Saussure
- *signifiant – signifié*
- *langue – parole*
- Syntagma – Paradigma:
         → Syntagma: Beziehungen zwischen Zeichen unterschiedlicher Art oder Funktion
         → Paradigma: Beziehungen zwischen Zeichen gleicher Art, gegeneinander austauschbare Elemente

Paradigma

Syntagma   Schön   -heit
                        -keit   → Wortarten sind eine paradigmatische Ordnung des
vom   Sprachsystems, z. B. alle Verben sind (unabhängig
                        -ion   Sinn   der   Äußerung)   gegeneinander
austauschbar
                        -ung
- Synchronie – Diachronie
    → Synchronie: Sprachzustand zu einem bestimmten Zeitpunkt
    → Diachronie: Sprachentwicklung in einem bestimmten Zeitraum

Semantik

Referenz – Denotation:
- Denotation = Kernbedeutung eines sprachlichen Zeichens, kontextfreie Bedeutung
- Referenz = alle möglichen Dinge, auf die sich ein sprachliches Zeichen im Kontext beziehen kann
- z. B. „Das ganze Wartezimmer hustet."
→ Denotation: Zimmer (z. B. in einer Arztpraxis), in dem sich Wartende aufhalten können
→ Referent: hier alle Menschen, die sich im Wartezimmer aufhalten
          andere Referenten: Gegenstände im Wartezimmer, Luft, Wartezimmer im Allgemeinen

Denotation – Konnotation:
- Denotation: Kernbedeutung
- Konnotation: persönliche Assoziationen mit einem Begriff, beeinflusst durch Erfahrungen
→ z. B. Springseil: eigentlich nur Sportgerät, aber durch negative Erfahrungen (Fuß gebrochen, nicht gut
          im Seilspringen) eigene emotionale Bedeutung

Semasiologie – Onomasiologie:
- Semasiologie: von der Zeichenform zur Bedeutung
→ man sieht ein Wort, z. B. Pferd – wenn unbekannt, Blick ins Lexikon, um es zu lernen
→ Probleme bei Bedeutungsveränderungen von Wörtern, z. B. schräg, Maus (Tier und Computer)
- Onomasiologie: vom Gegenstand/von einer Vorstellung zu einer Bezeichnung/Benennung
→ man sieht einen Gegenstand und sucht oder hat verschiedene Bezeichnungen dafür, auch Namenssuche für Produkte oder Babys
→ Probleme bei Farbbenennungen, z. B. Was genau ist pink?

Wortfeldtheorie (Jost Trier):
- Wortfeld = lexikalisches Paradigma, besteht aus Wörtern mit z. T. gemeinsamer Bedeutung, die voneinander abgrenzbar sind
- Oberbegriff = Begriffsbezirk, z. B. Baum
- Wortdecke = Wörter, die zum Begriffsbezirk gehören, z. B. Eiche, Linde, Erle, Tanne usw.
→ je mehr differenzierte Begriffe, desto enger die Wortdecke

Prinzipien des Wortfeldes:
- Ganzheitlichkeit: der gesamte Wortschatz einer Sprache lässt sich in Wortfelder ordnen

- Lückenlosigkeit der zu einem Feld gehörenden Wörter (nicht wirklich, weil Lücken im Wortschatz, z. B. Gegenstück zu satt)
- Bedeutungen der Wörter in einem Wortfeld bedingen sich gegenseitig (z. B. Hochhaus hat nur Sinn, wenn man andere Häuser kennt)
- hierarchische Ordnung der Wörter im Wortfeld

Paradigmatische Bedeutungsrelationen:
- paradigmatische Relationen: Beziehungen zwischen Einheiten, die in ein und demselben Kontext auftreten können und sich in diesem Kontext gegenseitig ausschließen
→ z. B. Diese Katze ist   niedlich./ süß./ gefährlich./ kratzbürstig.

Komponential- bzw. Merkmalsemantik:
- genaue Bedeutungen werden aus bedeutungsunterscheidenden Einzelmerkmalen gebildet
- Bedeutung eines Wortes kann in kleinere Einheiten (Komponenten) zerlegt werden
- Ziel: Abgrenzung ähnlicher Begriffe durch Nichtvorhandensein bestimmter Seme

- zutreffende und nichtzutreffende Merkmale (Seme) werden durch + und – gekennzeichnet (Tabelle)
→ Anordnung in einer Merkmalmatrix

	Hauskatze	Leopard
Tier	+	+
Katze	+	+
Raubtier	-	+
Fleischfresser	+	+